윤슬 아래 그리움 하나

# 윤슬 아래 그리움 하나

송외조 제4시집

창연

| 시인의 말 |

시로 출발하여 또 다른 시조의 길을
시조는 우리 겨레의 대표적 정형 시조로
감미로운 운율을 새겨 보며 여기까지

잘 응축된 선생님들의 발자취 따라
소중한 풀잎 하나하나 아픈 추억
가도 가도 끝없는 문학의 길

자연과 우주 만물의 근원 지상낙원
빛과 그림자를 책 속에 불러들여
한땀 한땀 묻어두고 어루만진 날이
되어 심신의 뒤안길에
하얀 목련화 피는 봄날 따스한 미소로

2025년 8월
송외조

| 차례 |

시인의 말 • 005

## 제1부 꿈꾸는 별 밭에 달도 함께

꽃창포 환상 • 013
서점 가는 날 • 014
봄 까치 초롱이 • 015
부지런한 발 • 016
숨은 보석 청매실 • 017
산중의 일기 • 018
만년교 • 019
계급장 • 020
봄이 오는 소리 • 021
꽃비 낙화落花 • 022
강변길 • 023
풀꽃 하나 • 024
오월의 첨성대 • 025
참나리꽃 • 026
유월의 연화도 • 027
청와대 외출 • 028
개나리 • 029
개나리·2 • 030

## 제2부 자연 밭에 피어나는 향기야

석류꽃 • 033
꽃차는 달린다 • 034
강 • 035
늦더위 • 036
7월의 향기 • 037
장마 포구 • 038
여름꽃 인동초 • 039
초여름 • 040
모내기 • 041
에어컨 • 042
귀한 몸값 • 043
감자밭 • 044
엉겅퀴 • 045
동해 월송정 • 046
단양팔경 • 047
담장 넝쿨 • 048
진달래 • 049
진달래·2 • 050

## 제3부 행복 가득한 뜰에서 노닐다

새벽노을 꽃 • 053
상족암 • 054
먼바다 • 055
가을 소리 • 056
함안 무진정 낙화 • 057
낙엽 사랑 • 058
의령 솥 바위 • 059
지리산 • 060
상현달 • 061
벼 이삭 • 062
가을 뜰에서 • 063
이웃사촌 • 064
이웃사촌·2 • 065
지혜로운 향기 • 066
물장수 • 067
자유의 여신상 • 068
어머니 사모곡 • 069
벽송사 장승 • 070

# 제4부 도화 꽃에 햇살이 쉬어가네

바닷가에서 • 073
동백꽃 피는 길목 • 074
묵사발 • 075
기적 소리 간간이 • 076
낙조 • 077
태백산 주목 향기 • 078
삶이란 귀로 • 079
남해 서포 김만중 문학관 • 080
도심 속 • 081
꽃단지 • 082
나무들의 이야기 • 083
변산 내소사 • 084
하얀 나라 • 085
해바라기 • 086
눈부신 변신 • 087
매운탕 • 088
목련꽃 • 089
목련꽃·2 • 090

## 제5부 인연 따라 스쳐 간다

눈꽃 피는 겨울 왕국 • 093
겨울 추위 • 094
이국적인 풍경 • 095
지리산 거림골 • 096
거제도 죽림竹林 • 097
추억이 매력 • 098
호접난 • 099
두견화 꽃바람 • 100
겨울 풍경 • 101
겨울 풍경·2 • 102
빛과 그림자 • 103
꽃샘추위 • 104
설날, 희극의 풀꾹새 • 105
겨울 장갑 • 106
봄이 오면 • 107
경칩 • 108
시간을 기다리며 • 109

해설_조용한 시간의 숨결로 피어난 시조 • 110
– **임창연**(시인·문학평론가)

# 제1부
## 꿈꾸는 별 밭에 달도 함께

## 꽃창포 환상

개울가 물결 따라 노란 꽃 무리 지어
푸르른 채색 밭에 일렁일렁 나부껴

달콤한
향기로 가득
눈길 채 간 수채화

창포 물에 머리 감고 그네 타는 날
오월 단오 추억 속에 젖어 보는 매력

풀벌레
울어지는 밤 달님 별님 문안 인사

가로등 불빛 아래 청개구리 뜀박질
새벽이슬 촉촉이 금빛 햇살 수를 놓고
윤슬 빛
풀어놓은 듯 젖어 드는 삼호천

# 서점 가는 날

잠시 돌아본 시간 앞에서 손님맞이

진열대 수만 권의
책들이 차곡차곡
지혜의
바다 그곳을
스쳐 가는 독자들

과거와 현대를 보듬은 눈길 한 번쯤

고뇌 속에 다듬어
놓은 진면목들
알알이
품어있는 곳
깊은 뜻 묻어난다

# 봄 까치 초롱이

봄바람
속삭이는
밭고랑에 초롱초롱

눈망울 어느새 염치없이 자리 깔고
날마다
하늘을 보며
천 개의 손 천 개의 눈

새록새록
햇살이 그리워질 때면

떼 구름
뒹굴어 들랑날랑 유람 길에
봄 까치
꽃 무리 지어
손님맞이 한다네

## 부지런한 발

황톳길 사뿐히 낙엽 뒹구는 산하
우거진 편백숲 검푸른 파도 소리

가뭄에 단비 내리어
생기 도는 길섶에

진달래꽃 나비 훨훨 너울 춤사위
능수버들에 꾀꼬리 즐겨 찾는다

개나리 월계화 노란
비단결 멋에 겨워

따스한 봄볕에 아지랑이 뒹굴고
쳇바퀴 돌고 돌아 마주치는 가로등
무심히
잊고 지내다
돌아보는 소중함

## 숨은 보석 청매실

못 잊어 가지 끝에
걸린 추억 한 아름
혹한의 핍박에도 굴하지 않는 절개
은은한
매화꽃 향기 기품 높은 그대여

작은 열매 파릇파릇 잎 속에 쌓여
새벽이슬 아랑곳없이 둥글 둥글
내미는
찰나의 오월
싱그럽게 셈하다

풋 가슴 활짝 열고 스쳐 가는 그리움
따스한 봄볕에 속정 깊은 바람 따라
그 향기
새콤달콤해
초록 매실 몸 푼다

## 산중의 일기

바람이 머무는 골에
초록 수풀 사이로
두견새 밤마다 애달픈 장단 소리에

남몰래 피는 금낭화
향기 파는 산유화야

아련한 산중의 일색
그 표정 하나하나

고산의
메아리 소리
첨벙첨벙 헤집고

수 달래
꽃가지 위에
봄 햇살이 놀고 있네

# 만년교*

불그레 아치형
돌다리 역사의 무게는

물결 위에 나부껴
오랜 세월 풍경아

둥글게
끼워 놓은 듯 보석 반지 깜찍하다

영축산 이용 당당
지켜보는 아늑한 품에

수양벚꽃
하늘하늘 전해온 줄다리기

봄볕에
옛 향수 풍겨 영산 봄날 뜨겁다

* 창녕 영산에 있는 다리.

# 계급장

주름살 하나둘 삶 속에 자리 잡아
몸부림쳐 감추고자
눈 밑에 숨겼네

이왕에 가는 길 따라
유람소풍 맴돌아

천만년 살고지고
알뜰살뜰 빠른 걸음

백발은 무늬 놓고
마디마디 생명선

한 생에
봄날 꽃 피며
자연 밭에 심을래

# 봄이 오는 소리

한겨울 땅속 깊이 깨금발로 달려와
동백꽃 피는 언저리 봄의 속삭임에
실눈 뜬
멧비둘기는
조각달 입에 물고

새벽이슬 안개비 놀다간 자리
고요한 정적의 은은한 울림소리
모란꽃
하얀 면사포
함박웃음 정겹다

해님도 은근슬쩍 초록 융단 수를 놓아
줄기 잎새 하늘하늘 뜨거운 정열에

버려진 봉지 하나가
작은 우주 떠받치네

## 꽃비 낙화落花

화려하던 그날의
애절한 몸부림 속

벚꽃 송이 밤새 낙화
되어 활보한 거리
이별에
종착역 귀로 돌아보는 연분홍아

무심히 무릎 꿇고
침묵 속에 흐느껴

봄바람에
나부끼는 그날의 그리움

영원히
내려놓은 임
꽃방석의 귀로에

# 강변길

풀잎에 나부끼는
물안개 사르르

푸른 물결 굽이쳐
조약돌 구르는 소리
물새의
날갯짓 저편
금빛 햇살 풀어놓고

백사장을 거닐던 무성한 엷은 그림자
여울물에 빠져들어
헤어날 줄 모르고

초저녁
달그림자에
발맞추는 금성별 하나

# 풀꽃 하나

찬바람 시린 손끝에 맴을 도는 향기
길섶의 달래 냉이 앙증맞게 피어나

수줍은 예쁜 얼굴에
흙먼지 분 바르고

온갖 시름 산과 들엔 나날이 일어
번져가는 봄 물결 풍성한 뜰앞에
비둘기
귀여운 눈빛
종종걸음 어디로

때까치 깍깍 날아들어 가지 끝에 사뿐
밤새 속삭이다 달 하나 뜨거운 입김
여린 눈
풀꽃 하나도
꿈을 가득 심는다

# 오월의 첨성대

신라의 숨결 한껏
부풀은 루피너스
꽃불 밝혀 층층이
은은한 속살 활짝

첨성대
천년 고도는
홀로 우뚝 묵묵히

서라벌 빛바랜 수호신 밤하늘 별들이

하나하나 동경을
고개 들어 홀로 빙
북극성
북두칠성 별
아로새겨 돌아본다

# 참나리꽃


얼마나 기다렸기에
먼 길 돌아 돌아
꽃송이
맺은 언약 실바람에 나부껴

여름날 절세 미모에
기품 당당 불 밝혀

온 누리
분분하게 저어 대는 너의 향기

나그네 걸음걸음
녹음 수풀에 눈 돌려

선홍빛 활활
타오른 너의 꽃불 뜨겁다

## 유월의 연화도

수국꽃 넘쳐 달덩이
같은 환한 속살

용머리
굽이쳐 뜨거운 눈길 젖어

뱃길에
비친 얼굴은 물결 따라 흘러가고

남도의 섬마을
희망봉 찾는 나그네

해변 길
파도가 깎아놓은 하얀 치아
씻은 듯
물보라 소리 풍악 울려 새롭다

## 청와대 외출

열린 문 닫힐세라 칠월의 나들이
경복궁 뒷자락에 자리 잡은 넓은 뜰
서울의
파란 하늘빛
산빛 어린 맑은 날

솔바람 불어 반송 그림자 들이고
역사의 자취마다 어루만진 눈길

청기와 날아갈 듯이
돌아보는 나그네

고즈넉한 품에 정감넘쳐 머물구려
구중궁궐 심산유곡이란 말이 무색해
녹지원
기품 당당한
소나무 멋스럽다

# 개나리


담장 따라 흐드러져
노란 숨결 흔들릴 때
겨울 틈에 쌓인 침묵 환하게 터져 나온다

봄길에 먼저 피는 꽃
가장 오래 기다려왔다

## 개나리·2

한 줄기 노란 빛이
바람보다 먼저 와서
굳어 있던 마음 위에 다정히 불을 지핀다

봄이란 이런 목소리
말 없이 피어나는 것이다

# 제2부
## 자연 밭에 피어나는 향기야

## 석류꽃


북적대는 새소리
가지 끝에 앉았네

유월의 붉은 입술 타는 숨결 적셔
꿈꾸는
너의 품 안에
싱그러운 햇살 받아

빨간 석류꽃
딱딱한 껍질 옷 벗고

활짝 핀
꽃송이 갈바람에 달 구워

둥근달
덧셈 뺄셈에
익어가는 달항아리

## 꽃차는 달린다

소낙비 한줄기 토닥토닥 내리어
풀포기 몸부림에 여우볕 웃는다

산통을 겪다 화사한
봄볕에 천하 미색

선암사 겹벚꽃 청실홍실 불 밝혀
고고한 자태 천년의 숨결 스쳐 돌아
수줍은
분홍 저고리
산들산들 비단 물결

줄기 잎새 맺은 언약 연못가에 늘어서
화관무 커튼 내린 꽃봉오리 깊은 감회
이다지
고운 자태를
부처님께 바치려나

# 강

삶 속에 흐르는 강물 벌써 여기까지
어머니 젖줄 같은 실개천이 모여서
생명의 보금자리를 적셔 적셔 아래로

강을 사이에 두고 마주 보는 강 언덕
한쪽으로 치우치면 슬퍼하고 찡그려
물살이 출렁거리며 노래하고 춤추다

때로는 비 내려 도도하게 소리쳐
굽이굽이 감돌아 아낌없이 꽃 피우며
한 생에 온갖 기질은 물결처럼 어리다

# 늦더위


꺾이다 돌아서는 얄미운 더위야
지긋지긋 불통 같은 무서운 기세는
처서를
지난 지 한참
갈바람이 두려워

여름꽃 더욱더 붉은 정열 까치발로
매미들의 노랫소리 갈 길 잃고 맴맴

들녘에 고개 숙인 벼
따끈따끈 불볕 사랑

햇과일 황금물결 젖어 드는 풍성함
눈길 한번 돌아보는 재미 그날따라
복숭아
포도송이들
단물 먹고 익어간다

# 7월의 향기

연미색 치자꽃 향긋한 실바람에
파란 잎 속에서 새근새근 이슬 안개
맞으며
곱게도 피어
토해놓은 너의 순결

그렇게 고요한 정적 깨뜨려 영원히
간직한 채 야속한 시간 앞에 몸부림
아래로
힘없이 떨쳐
이팔청춘 꽃이었다

너의 매력에 소쩍새 접동새 찾아들어
슬픈 곡조 훔쳐보는
구름 한 조각 피어
치자꽃
즐겨보는 날
빠져드는 미의 감각

# 장마 포구

어제 새벽하늘이 불타듯이 노을 일다
오늘 저녁에 비가 온다고 토닥토닥

가뭄에 단비 내려서
좋아하였건마는

하늘이 새나 보다 아무리 생각해도
그 비가 지나쳐서 감당하기 무서워
철몰라
장대비 쏟아
물 폭탄 퍼붓는다

예삿일이 아닌 것 같아 소용돌이 기류
시대상 변화무상 더워지는 자연재해
골골이
흙탕물 바다
분별없는 천지개벽

## 여름꽃 인동초

이글거리는
열기에 한껏 부풀어

한올 한올 살금살금 달아오르는
인동초
멋에 겨워라
희고 붉은 꽃송이

그리움 삼키며 불태운 숙명의 길

애틋한 불씨 하나
지펴 놓고 못다 한

새벽길
하늘 끝닿는
저곳에 별을 센다

# 초여름

더위가 살며시
찾아오는 유월 날에

진초록 건반 위에
빗방울 통기타야

먼지를
쓴 풀잎마다
음향 곡조 들리는가

물무늬 요동 소리
시원한 감로수야

햇살은 뉘엿뉘엿 쉬어가는 애창곡
강바람
메아리 소리
닻을 내려 잠겨 드네

# 모내기

물고 철철 새벽이슬 아랑곳없이
아버지 소 몰고 써레질 바쁜 손길
모내기
줄 넘겨 간다
포기마다 사뿐히

첨벙첨벙 소맷자락 촉촉이 젖어
흙냄새 분 바르고 돌아본 새참 국수
일어나
보람된 순간
그 맛에 후 여 후

벼 심어 줄기 잎새 파릇파릇 자라
농심의 애틋한 감회를 돌아보며
여름날 먹구름 속에 소낙비 한줄기

해는 저 혼자 간다고 서행 길 따라
농부들까지 끌고 가려는 노을빛에
저녁밥 짓는 연기는 피곤함을 잠재우네

# 에어컨

여름 더위 길 잃고
길게 누운 그 날
녹음방초 푸른 융단 청춘이어라

계곡물 졸졸졸 흘러
폭포 소리 우렁차다

부채 잡고 더위를 쫓아내어 보지만
어디서 고추잠자리 풀잎 끝에 날아와

발레 춤 탱고 추려고
비단 옷깃 다 적시며

포도송이 같은 땀방울 송골송골
에어컨 울음소리 밤 풍경을 삼키며

오늘도 귓전에 쟁쟁
잠 못 들까 씨름하네

# 귀한 몸값

여름 한 철 최선의
멋 자랑 아 시원해
언제 벌써 찬바람 옷깃에 눈을 감고

구석진
빈방에 삶은
사려넣고 쉬어라

말없이 기다리는
침묵 속에 묵묵히

땀방울 흘러내릴 때
초대받은 속도전

빙빙 빙
신바람 소리
선풍기야 돌아라

# 감자밭


봄 햇살 다스한 날 들길을 걷고 파라
파릇파릇 밭이랑에 김을 매는 호미 끝
흙냄새 풀 향기 흠뻑 옷자락에 묻어나

얼룩진 고랑에 열무 오이 등 달아
푸르고 붉은 고추 은전 열냥 금전 열냥
흙에서 맺은 언약은 줄 감자를 엮어서

올망졸망 꽃동네 춤추는 실바람
구름도 쉬어 넘어 낮달 하나 초연히
꿈꾸던 풋 새내기들 풀어놓은 삶의 고비

# 엉겅퀴

땅속 깊은 곳에 잠자다 깜짝 놀라
가랑잎 사이로 내미는 너의 아기 손

보드레
솜털 옷 입고 야생으로 하나둘

흔하디 흔하던 엉겅퀴 귀한 몸값에
생사를 가르는 탄생의 순간 그 자리

보랏빛
만삭의 뱃속 이야기 열어본다

오월의 태양에 빛바랜 가시 날 세우고
초록의 물결 위에 어느 누가 침범할까?

꽃대를
꼿꼿이 세워 멋스럽게 피어난다

## 동해 월송정

바닷가 갯바위에 물안개 졸고 있다
동해 수평선 푸른 물결 출렁출렁

파도야 울어 나부껴
철썩대는 물보라

백사장 모래밭에 마음 묶고 거닐며
달도 넘는 월송정 낙락장송 푸르러
선계의
옛 정취 풍겨
관동팔경 즐겨 찾아

뛰어난 운치 솔 향기 배어드는 월송정
그윽한 숲 밭에 색 빛고운 해변의 길

먼 길 위 고운임 반겨
노을빛도 머물구려

# 단양팔경

장엄한 구담봉 거북의 형상 빛바래
빼어난 소금강 눈부신 산경 둘러쌓아
아련히
꺾어질 듯이
기암 층층 산수화

옥순봉 우뚝 솟아
퇴계 이황 죽순 심고
수류길 푸른 물결
굽이굽이 절경이라
산울림
풍경 소리에 달빛 걸린 산자락에

계절의 임 마중 오색빛깔 그림 화폭
산재한 단양팔경 으뜸의 풍류 따라
구름 속
내미는 명기
천혜 기상 꽃이로다

# 담장 넝쿨

보랏빛 한 딸기 줄기 잎새 새침댁
나팔꽃 틈새마다 더부살이 숨결은
하늘 금
흰 구름 피어
구중궁궐 저 멀리

쨍쨍 눈부신 날 높은 곳을 향하여
담장 넝쿨손 얼기설기 타고 올라

새파란 하늘 여백에
나풀나풀 바람맞지

연초록 도벽을 성큼성큼 조롱하듯
여름날 비바람 불어오는 바닷가
길목에
집 한 채 다시
태어나 싱그럽다

# 진달래

먼 산에 불 지르듯
진분홍 물이 드니
떠난 이의 발자욱도 꽃잎 되어 흩어진다

헤어짐 고운 계절이
아련해서 봄이라 한다

## 진달래·2

먼 산을 물들이며
말없이 핀 꽃잎들
가슴 한켠 그리움도 봄볕에 젖어간다

이별은 꽃처럼 피어서
아름답고 더 아프구나

# 제3부
# 행복 가득한 뜰에서 노닐다

# 새벽노을 꽃

여명을 헤치고 동창이 밝아 온다
하늘이 빠알간
핏빛으로 달아올라
밤과 낮
경계를 이어
숨결마저 일렁이듯

신비의 노을빛 풀어놓은 수채화
대지에 분출하는 저 물감 공기 속에
하루의 포착이 아닌 한 생의 출발점같이

어둠 거친 들판에 새벽이 깃들어라
고요히 타오른다
사라질 찰나에
올올이
타오르는 날
우주의 신기루 쇼

# 상족암


푸른 물결 기이한
바닷가 밀물 썰물에

나부끼는 운치 한 시대 장막 따라
중생대
백악기 공룡
화석 자취 돌아보며

책갈피 층층이 쌓아 놓은 듯 세월 베고

기암 바위 해식동굴
신의 한 수 나부껴
파도야
수평선 너머
너울춤에 별천지

# 먼바다


최남단 푸르고 푸른 물결 망망대해
맞이하는 백도야 애틋한 너의 미모

비바람 풍랑 몰아쳐
기암절벽 모난 얼굴

저마다 비경 품은 수석의 전시장
잡힐 듯 돌아보는 각도마다 변화무상

짜디짠 빛바랜 울림
눈시울이 뜨거워라

일월日月이 넘나드는 아득한 물결 따라
파도에 견디어온 틈새마다 윤슬 빛
물보라
출렁이는 날
소금꽃이 피었네

## 가을 소리

귀뚜라미 귀뚤귀뚤
즐거운 노랫소리

새벽이슬 알알이 풀잎마다 은구슬

수채화
하늬바람에
코스모스 피어나

고추잠자리 사뿐사뿐
날개를 고이 접고

밤나무골 가을바람
불어드는 길섶에

밤송이
침 바늘 소리
입 벌어 사랑이 뚝뚝

## 함안 무진정 낙화


어둑어둑 점점이 타오르는 초파일
호숫가 우람찬 왕버들 풍경 사이로

밝은 빛
쏟아 내리어 반짝반짝 유혹에

찬란한 저 빛깔 불꽃 축제 울려 퍼져
바람의 결에 실어 살랑 춤 물결 일어
흩날린
붉은 아우성
별빛 인가 불꽃이냐

낙화는 살아 꿈틀꿈틀 어디에 견주리
저리도 고운 임의 몸부림 같은 영혼아
그 흔적
잊을 수 없는
순간의 감개무량

# 낙엽 사랑


푸르던 잎새 언제 벌써 갈바람에
홍단풍 붉은 입술
빛바래 나부끼다
한 생을
다해 맨살로 누워서 흐느껴

이슬 안개 젖은 낙엽 아래로 떨쳐
가지만을 바라보며
강물은 소리 없이
끊어져
아무도 없는 길 위에 빈 배만

그림자 무성하게 따라오는 거리
하늘 끝 구름도
쉬어 넘는 추풍령
빛 고운
노을 물결이
아쉬워 머문다오

## 의령 솥 바위

큰 부자는 하늘이 점지한다는 데
오랜 세월 빛바랜 지형도 신묘하다
솥 바위
전설 속에는
20리 내 감도는 부富

정암루 올라 사통팔달 풍경에 젖어
초록이 우거진 유월의 불볕 따끈따끈
뻐꾹새
노랫소리는
가는 봄 아쉬운 듯

남강물 굽이굽이 감돌아 흐르고
눈길마다 소원 성취 기 받고 싶어
솥 바위
유유자적해
만인들이 찾아든다

# 지리산


잡힐 듯 찾아드는 별 밭에 법계사다
백두대간 준령峻嶺 만고풍상 울림에

세상을
굳어보는 날
영산은 빛바래

지리산 기상 일어 만천하를 호령하듯
천왕봉 산산이 자연의 예불 들린다
골마다
전설이 녹아
서리 서려 이어져

통천문 개선문 백두대간 끝자락
폭폭이 절묘한 주 능선 뻗어내려
자욱한
구름바다는
별유천지 이룬다

# 상현달

날마다 소리쳐
몸부림에 새벽을 여는

병아리 언제 벌써
꼬끼오 변했을까나

한순간 프라이팬 위
올려놓은 달 하나

어둠을 배회하는 발자국 맴도는 밤

반달은 치마폭에
등불처럼 감싸고돌아

조금씩
둥글게 훤히
차오르는 보름달

# 벼 이삭

메뚜기
뜀박질에
빠져드는 숨바꼭질

해는 뉘엿뉘엿
황금물결 옹알이에

참새떼
쫓는 허수아비
두 팔 벌려 후 여 후

# 가을 뜰에서

떡잎 손 푸르던
잎새 바람을 부여잡고

어느덧 뜨거운 열정을 한없이 불태워
가을볕
살랑 흔들어
대추 볼 붉어진다

소 잔등에 실은
누렁 호박 주렁주렁

황금물결 익어가는 노을빛 춤사위
뜰앞에
쑥부쟁이꽃
홀로 피어 눈길 젖다

# 이웃사촌

산책길 아담한 공원
쉼터 즐겨 찾는 날

반가운
이웃사촌
지혜로운 미담 속에

추억 길
술술술 풀어
역사는 흐른다

봉선화 백일홍 철 따라 피는 꽃들
참 고와라 꽃도
한때 청춘도 한때

언제나
반가운 얼굴
출석부 없는 출석

# 이웃사촌·2

담장에 핀 호박꽃
웃으며 먼저 인사해
바람도 문턱 넘다 정 붙이고 머물렀네

가까운
먼 친척보다
속정이 이웃을 만드네

## 지혜로운 향기


허허로운 벌판 천년 꿈 숨결 따라
화창한 봄바람에 나부끼는 잎새
흰 구름
피어 나르는
산마루 점찍은 향기

세월의 빛바랜 솔숲 그늘에 나그네
그대 맑은 눈빛 적셔 흐르는 찰나에
위양지
푸르른 물결
윤슬 빛 풀어놓고

연두 옷 걸쳐 입은 왕버들 아름드리
늘어진 가지가지 한가로운 춤사위
완재정
하얀 이팝 꽃
쌀밥 가득 뜸 들인다

# 물장수

봉이 김선달 물장수
전해오는 그 옛날

언제부터 흔하디 흔한 넘쳐나는 물

페트병
하나둘 가득
철철 철 졸졸 졸

청숫골 맑은 샘물 문명의 그늘에

굽이쳐 흐르는
강물도 몸살 앓아

부적합
식수 눈길에
덧셈하는 높은 물값

## 자유의 여신상


푸른 물결 넘실넘실 부푼 꿈 신바람에
머나먼 이국땅
그림 화폭 수를 놓아
한없이
눈부신 기상 나그네 눈길 젖어

미국 뉴욕 세월의 빛바랜 랜드마크
허드슨강 섬에 아메리칸드림 상징
자유의
여신상 우뚝
평화롭게 다가서

그 무엇으로 채워가는 뿌듯한 성찰
흰 구름 두리둥실 바람결에 나르고
주야로
자유 지키려
왼손 높이 횃불 들어

# 어머니 사모곡


봄볕에 아지랑이 이는 날 어머니
텃밭에서 호미 들고 상추 심는다

손에는 늘 일감들이
떠날 줄 몰라요

삶이란 숙명처럼 배어 베적삼에
흙냄새 풀 향기 녹음방초 푸르른
융단에
젖어 드는 날
어머니 먼 길 채비

새벽 첫차로 부산 버스 비포장 길을
종일토록 목적지 재봉틀에 마음 묻고
낙동강
강바람 스쳐
수레바퀴 삶의 귀로

## 벽송사 장승

왕방울 눈 부리부리 금호 장군 수호守護
법호 대신 법法 궁노루 울음소리 슬퍼요

하늘과 땅이 아울러
빚어놓은 넋인가?

빛바랜 천왕봉 잡힐 듯 산사의 울림
푸른 소나무 울울창창 깊은 산골에

피바람 겪고 불길에
휩싸여 애잔함이여

일생의 긴 여울 헤쳐지나 온 그날들
오랜 세월 자로 재다 창공의 별빛 타고
고산의
구름 한 조각
하염없이 떠돈다

## 제4부
도화 꽃에 햇살이 쉬어가네

# 바닷가에서

푸른 물결 철썩철썩
시원한 백사장에

밀물 썰물 자연의 섭리 따라 나부껴
암초에
파래 미역은
몸을 사려 손님맞이

할머니
굽은 새우등
해초 따는 손길

향긋한 갯바람에
소맷자락 적시며

석양길
파도 소리에
금빛 노을 어린다

## 동백꽃 피는 길목

찬바람 무서워 움츠리던 매화야
어느덧 참다못해 실눈 살며시 뜨고
공들여
피워 올리는
향긋한 봄의 화신

스쳐 도는
바람 소리에 그리워 맴돌아
구름안개 새벽이슬 적셔 흐르며
깜찍한 보석 알갱이
눈 소금 뿌리듯

단발머리 고행 중 예불 향내 맞으며
법당에 불경 소리 참신한 가부좌
청연암
꽃 잔칫상에
산수유 옷깃 젖네

## 묵사발

도토리묵
말랑말랑 콩나물 오돌오돌

디포리 김치 숭숭
썰어놓은 양념장

사르르
빠져드는 날
매끄러운 감칠맛

가족이 도란도란 웃음소리 꽃피어

다완에 우려내는
차 한 잔 손에 쥐고
따스한
입김이 소슬
감아 도는 밥상머리

## 기적 소리 간간이

비탈진 산길을
오르는 지혜의 바다

시비를 만나
눈인사 내면의 깊숙이
갈뫼산
일 번지 앞에
세월의 때 껴안고

오가는 길목 도심을 바라보는 전경

숲 밭에 뻐꾹새
이산 저산 봄을 휘감고
명산이
따로 없다네
여기가 명산일세

# 낙조

참 고와라
붉은 꽃이여
영롱한 햇살은

중천에
자죽 자죽
소리 없이 가는 길

불타듯
농익은 덩이
토실토실 넘어가네

## 태백산 주목 향기

눈맞아 독야청청
고산의 산마루에 서

주야로 이슬 안개
온몸으로 맞으며

눈보라
젖은 옷깃에
천년 지기 터줏대감

푸르른 상록수
세월의 옹이로 불거져
해묵은 때 걸쳐 입고 살아온 나이테

석양길
맴도는 풍경
천년 길을 간다오

## 삶이란 귀로

타고난 운명을 무엇으로 채우려나

꿈많은 세상에 단맛으로 젖어 보련다
숙명의
가는 길 따라 바람서리 차가워

뒤돌아본 영화 같은 화면들이 아련히
날개 돋치듯 여기까지 왔노라 후회도
미련도
다 벗어놓고
가슴 활짝 망초꽃

무수한 날 환희의 겸손이 필까 말까?

구름 한 점 훨훨 화폭에 수를 놓고
달리는
인생 열차야 금빛 노을에 젖는다

# 남해 서포 김만중 문학관

아득한 세월 속 하룻밤 이슬 안개에
꿈을 꾸며 늘어진 수양버들 가지
주름진
마음을 묶고
그리워 눈물겹다

굽어진 산허리 인적없는 적막강산
노도 앵강만 바라보며 시름에 잠겨
외딴집
한 채 새소리
벗 삼아 푸념하신 듯

산기슭에 비친 해와 달을 바라보며
하늘도 무심히 아는 듯 모르는 듯
봄바람
구르는 소리
피던 꽃이 물에 뜬다

# 도심 속

장군천 가로변에
두 그루의 수양버들

무학산 바람서리 차가운 몸부림에
긴 세월
풀어놓은 삶
빛바랜 온갖 시름

줄기마다
더벅머리
풀어헤친 춤사위

폭폭이 커튼 내려
비단결 같은 잎새
가을날
이팔청춘을
어느 누가 시샘할까?

## 꽃단지

유채밭 펄럭이는 꽃 주단에 금빛
햇살 버무려 빗질하는 바람 따라
꽃 무리
전해주는 날
낙동강에 청 노새야

봄날은 가자고 빠른 걸음 재촉하고

진노란 황금빛 풀어놓은 밭이랑
우주의 싱그러움에
바라보는 길목마다

벌 나비 꽃밭 출입잦아 사푼사푼
산과 들엔 연두 깃발 나날이 번져
눈시울
달구는 그대
봄날에 단꿈 꾼다

# 나무들의 이야기

향긋한 바람 소리
계절의 변화무상
한순간 쉼터 눈과 마음 흔드는 잎새
뙤약볕
틈새 솔솔솔
안겨 도는 순풍에

푸르른 숨결마다 나무들의 이야기
물 한 모금 공기 한 줌 알뜰살뜰이
빛바랜
눈시울 적셔
돌아보는 삼림욕

땀방울 송글송글 수목 아래 맴돌아
그날의 엔돌핀 코끝에 배어드는 날
새들의
정겨운 노래
지지배배 날 저물다

## 변산 내소사

겨우내 휘날리는
눈밭에서 움츠리다

봄바람 불어 부처님 안전에 피어나는
산수유
꽃 잔치 물씬
목련화도 등 달아

내소사 홍매화 온 백성 초대하여

대웅전 맨얼굴 꽃살 무늬 고고한 자태
뜰앞에 겹벚꽃 가지 삼층 석탑 공들여

가부좌 틀은
꽃잎마다 법문 담아
수수 년
세파에 느티나무 불경 소리
참선한 뜻깊은 사찰 전나무 우람차다

# 하얀 나라

머나먼 길 위에
무엇이 궁금해서

튀르키에 그 옛날
흔적 알 수 없으나
흐르는
물길에 뿌연 따뜻한 석회수

분 발라 놓은
묘한 언덕 온천수는

층층이 적셔 흘러
매끄러운 촉감은
이색적
파묵칼레라 눈부신 신기루여

# 해바라기

긴 막대
짚고 서서
무엇을
바라보는가?

우주의
오묘한 초점
시곗바늘 돌아간다

뜨거운
둥근 얼굴에
씨알 총총 눈동자

# 눈부신 변신

불 지펴 그을린
검정 부엌에 손때묻은
하얀 사기그릇 쨍그랑 주룩주룩 아차
애절한
운명인가 봐
어쩌나 사금파리

시대의 다양한
예쁜 타일 틈새마다
반달 온달 정갈하게 꾸며 놓은 멋
태국 왓 아룬 새벽 사원 더운 날씨에

놀랍도록 찬란하게
반짝이는 채색 빛
수많은 사금파리 장식의 유혹에
태양도
미끄러져서
구름결에 숨었다오

## 매운탕


보글보글 고추
당초 얼큰하게

혀는 잔치한다고 굴러가는 듯이

이마에 흐르는 땀은
아
시원 깔깔 깔

한 끼의 소용돌이
부대끼면 달그락

숟가락 젓가락 저네들끼리 일한다
가시 **뼈**
골라내더니
국그릇 빛깔 보소

## 목련꽃

새벽빛에 젖으며
가지 끝 하얗게 핀다
묵은 침묵 깨뜨리듯 꽃잎이 하늘을 연다

피우는 순간이 바로
지기 위한 몸짓이더라

## 목련꽃·2

말 없이도 다 전해
하얀 입술 흔들릴 때
한 시절의 순결함이 가지마다 번져간다

말없는 고요한 방식
그것이 목련의 언어다

# 제5부
인연 따라 스쳐 간다

# 눈꽃 피는 겨울 왕국


찬바람 감아 도는 두메산골 구천동
깊은 골 너무 깊어 넘나드는 백 년 사
한적한 물무늬 파문
고드름 칼이 솟네

펄펄 새털만큼 가벼운 하얀 솜이불
눈 덮인 산사의 풍경 소리 고요한 정적
하늘 꽃 낙원 찾아서
구르는 바람 소리

천년 주목 군락 푸르른 풍경 휘감아
쌀쌀한 냉기류에 찰나의 상고대
눈부신
햇살 뒹구는
설한풍에 취한다

향적봉 중봉 황홀한 은빛 설은 덕유산
겨울 왕국 세한풍 몽환에 젖어 들어
설천봉 빛바랜 울림 스키 타는 심마니들

# 겨울 추위

문풍지 틈새
황소바람 몰려 들어와

단추 구멍 사이로 옷깃을 파고들어
따끈한
구들 마당에
나뒹구는 찬바람

사르르 소리 없이
제멋대로 간다네

잘 가라고 밖 문 열고 전송하는 날
동장군
무서운 기세
골목 바람 몰고 온다

# 이국적인 풍경

솜털 구름
내려앉은 야자수 그늘에

줄지어 선 진풍경
햇살이 그리워질 때

수려한
하노이공원
이색적인 풍경 소리

줄지은 오토바이
행렬 진풍경 끝없고

열대의 과일 더위를
녹여주는 맛 자랑

푸른 별
올려다보는 무한한 상상 속에

## 지리산 거림골

간밤에 소낙비 한줄기 쏟아내려
물안개 기품 어린 그윽한 풀 냄새

고산의 만 첩첩 봉에
흰 구름 나르고

산봉우리 솟은 햇살 눈부신 가람 사이
세석평전 삼산 약수 굽이굽이 적셔 흘러
옥수야
바위틈 감고
폭포 소리 우렁차다

신선한 해맑은 공기 어디에 견주리
백옥같은 산유화 넘쳐나는 때죽꽃
향긋한 실바람 풍겨 두고 가기 아쉬워

푸른 청산에 학이라도 타고 날아
고요한 심신을 풀어놓고 가렴아
은하에 줄을 매어서 세상 구경 어떠하리

## 거제도 죽림竹林


아침 햇살 윤슬 빛에 댓가지 흔들어
음이온 향기 꿀이 뚝뚝 떨어지네

우아한 기품 스르르
싱그러운 숲 밭에

새소리 조잘조잘 즐거운 노랫소리
기름진 왕대밭에 쉬어가는 발길
오가는
포근한 느낌
신선하게 다가선다

장대한 댓가지 흔드는 소슬바람
하늘 우러러 곧은 절개 굴하지 않아
맹종죽
푸른 물결에
힘찬 깃발 휘날린다

# 추억이 매력

세월의 바람에
감기어 저장해 놓은 듯

아름다운 실오라기 한올 한올 나돌아
어쩌나
햇살 쏟아진
뒷마당에 아련히

봄이면 돌아오는
강남 제비 날갯짓에

민들레 노란 옷깃 한들한들 흔들고
목동들
풀피리 소리
들려 오는 그날이여

## 호접난

보랏빛
한 울타리
싱그러운 눈 맞춤

향긋한
꽃내음
미소 지어 취하고 말았네

환희에
보름달같이
한 송이 더 피었구나

# 두견화 꽃바람

겨울바람 잠재우고
우듬지 가지 끝에

살금살금 고사리손 내밀어 볕 쬐기
두견화
꽃바람 따라
소쩍새 슬피 울고

봄바람에 나르는
꽃가루 사연 사연

못 말려 기류 타고 파고드는 너의 앙금
사뿐히
날개 돋치듯
번져가는 꽃가루

# 겨울 풍경

고요한 눈빛 아래
서릿발 서걱이듯이
가장자리부터 삶이 천천히 얼어간다

바람은 말을 접고서
지워진 발자국을 넘는다

# 겨울 풍경·2

기억도 숨을 죽인
강둑 위 얇은 햇살
얼음장 밑 고요하게 물고기 잠을 잔다

차가운 정적 속에서
따뜻한 생각 하나 깬다

# 빛과 그림자

태양 아래
별빛 같은 시어 어디쯤

날아가는 시간 앞에
무슨 꿈을 꾸려나

환하게
웃는 미소에 지켜보는 풀꽃들

하루의 시간 앞에
서성이는 바람 소리

해는 뉘엿뉘엿
나는 새 젠 날개 어디로

서산에
불끈 한주먹
하늘 꽃이 피련다

## 꽃샘추위

보리누름에 중늙은이 얼어 죽는다는
속담 찬바람 시린 옷깃에 움츠려져

봄 처녀 꽃다발 들고
갈팡질팡 기다리며

새침한 진주알 알알이 맺혀 있다
톡톡 터지는 은은한 하얀 속 가슴
행여나
마중 올까 봐
돌아보며 앓는 소리

흰 구름 너울너울 스케치 붓질 따라
설렘에 기다리는 꽃 여신아 어이해
임 찾아
석양 일몰에
자리 깔고 있는가?

## 설날, 희극의 풀꾹새

천연하게 빛나던 날
먹구름 몰려들어
선량한 눈빛 장벽에 사무친 그리움

새롭게
태어난 순간
눈시울이 뜨거워

이천이십오년
2월 2일
늦은 오후 그날

뜻하지
않은 생소한 귀로의 순간에
반가운 별들이
반짝 섬광처럼 다가온다

## 겨울 장갑

눈송이 펄펄
내렸다고 야단법석

찬바람 틈새
온기가 몰려온다
할머니
소리에 문득 사랑 하트 방긋이

추위를 녹여주는
온수 물통 목도리

오늘은 외출
간다고 신바람 난다
물 한잔
목을 축이며
떠오르는 샛별들

## 봄이 오면

땅속을 밀어올린
연둣빛 숨결 따라

묵은 가지 끝에서도 햇살이 다시 핀다

기다림 또한 꽃이란
진실이 흙에서 오른다

# 경칩

겨울잠 자던 개구리 부스스 눈을 뜬다
산 그늘도 햇살 불러 봄맞이하네
삶 속에
자연의 소리
천연한 몸짓 발짓

떼구름 몰려드는 연못가 퐁당퐁당
소리에 버들강아지 토실토실 살찌고

밤하늘
달빛 별빛에 개구리 울음소리

수선화 덩달아 눈 톡톡 실바람 불어
움츠린 몸마저 풀어놓은 포근한 거리
민들레
실눈뜨는 날
참다못해 터지겠네

# 시간을 기다리며

1.
물 위에 뜬 구름은
잡힐 듯 멀어지나
가만히 손 내밀면 그늘 하나 머물다 간다

기다림 또한 삶이라는
한 방식임을 알겠다


2.
종이 위에 맺히는
하루의 작은 숨결
침묵 속에 피는 꽃도 시계 아래 꿈을 꾼다

늦게사 오는 것들이
더 깊이 가슴에 남는다

| 해설 |

## 조용한 시간의 숨결로 피어난 시조

— 임창연(시인·문학평론가)

 송외조 시인의 제4시집은 시조라는 전통 형식을 바탕으로 자연과 삶, 계절과 감정을 단정한 언어로 엮어낸 정통 서정시집이다. 시조의 삼장 구조와 리듬을 견지하면서도 시인의 목소리는 고루하거나 경직되지 않고, 오히려 더욱 유연하고 투명하다. 송외조 시인의 시조는 고전의 향기를 품되 현재의 시간 속에 살아 숨 쉬며, 삶의 미세한 결을 감각적으로 포착한다.

 이 시집은 자연과 계절, 일상과 가족, 기억과 기다림이라는 다섯 개의 주제를 따라 5부로 구성되어 있다. 제1부와 제2부에서는 꽃과 나무, 햇살과 바람 등 자연의 이미지들이 중심을 이루며, 봄과 여름의 생명력을 시조의 형식 안에 정갈하게 담아낸다. 예컨대 「개나리」에서는 "봄길에 먼저 피는 꽃 / 가장 오래 기다려왔다"는 구절을 통해 계절의 시작과 생의 첫 울림을 서정적으로 그려낸다.

 후반부로 갈수록 시조의 정서는 더욱 깊어지고 침잠한다. 「목련꽃」에서 "피우는 순간이 바로 / 지기 위한 몸짓이더라"고 노래하는 시인은, 생의 찬란함 속에 이미 내재한 소멸의 기미를 간파하며 조용한 사유의 울림을 남긴다. 또한 「시간을 기다리며」에서는 "기다림 또한 삶이라는 / 한 방식임을 알겠다"고 적으며, 조급함을 벗은 존재의 자세를 담담하게 노래한다.

 송외조 시인의 시조는 형식 안에 감정을 절제하면서도, 그 절제 속에서 오히려 더 깊은 울림을 얻는다. 과도

한 감상이나 언어의 장식은 자제되며, 대신 자연의 질서와 인간의 내면이 서로 포개지는 순간들이 시조의 리듬 안에 조용히 응축된다. 그가 다루는 소재는 평범한 꽃, 나무, 바람, 가족, 이웃이지만, 그 안에서 발견되는 존재의 의미는 단순하지 않다.

또한 이 시집은 시조가 단지 과거의 형식이 아님을 보여준다. 고전적인 운율 속에 현대적 감각이 조화롭게 살아 있으며, 시어는 결코 진부하지 않다. 예컨대 「이웃사촌」, 「묵사발」, 「매운탕」 등에서는 따뜻한 유머와 정감이 감돌고, 생활의 장면들이 시조 특유의 절제된 언어로 생생히 살아난다.

결국 송외조 시인의 시조는 단정한 형식 속에 인간 삶의 정수를 담아내는 진지한 시적 실천이다. 고요하지만 생생하고, 정제되었지만 여운이 깊다. 이 시집은 시조라는 뿌리 깊은 나무에 현재의 감각을 접붙여, 오랜 울림을 새롭게 다시 피워낸 작업이며, 그 속에서 독자는 자연과 삶의 온기를 조용히 건네받게 된다.

이 시집은 사계절의 순환처럼 조용히 피고 지는 삶의 풍경을 시조라는 그릇에 담아낸 한 편의 인생 수필이다. 송외조 시인의 시조는 오늘의 언어로 내일을 기다리는, 오래된 미래의 노래다.

창연시선 034

## 윤슬 아래 그리움 하나

2025년 8월 12일 초판 1쇄 발행

지 은 이 | 송외조
펴 낸 이 | 임창연
편　　집 | 이소정 임혜신
펴 낸 곳 | 창연출판사
주　　소 | 경남 창원시 의창구 읍성로 36, 2층
출판등록 | 2013년 11월 26일 제2013-000029호
전　　화 | (055) 296-2030
팩　　스 | (055) 246-2030
E-mail | 7calltaxi@hanmail.net

값 12,000원
ISBN 979-11-91751-98-7　03810

ⓒ 송외조, 2025

\* 이 책의 판권은 저자와 창연출판사에 있습니다.
\* 양측의 서면 동의 없이 무단 전재나 복제를 금합니다.